अमूमन धुंधला ही सही,
याद आता है वो!

ख़ामोश ज़िक्र

गौरव चारस नेगी

notionpress.com

INDIA • SINGAPORE • MALAYSIA

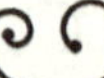

ISBN 979-8-88641-636-7

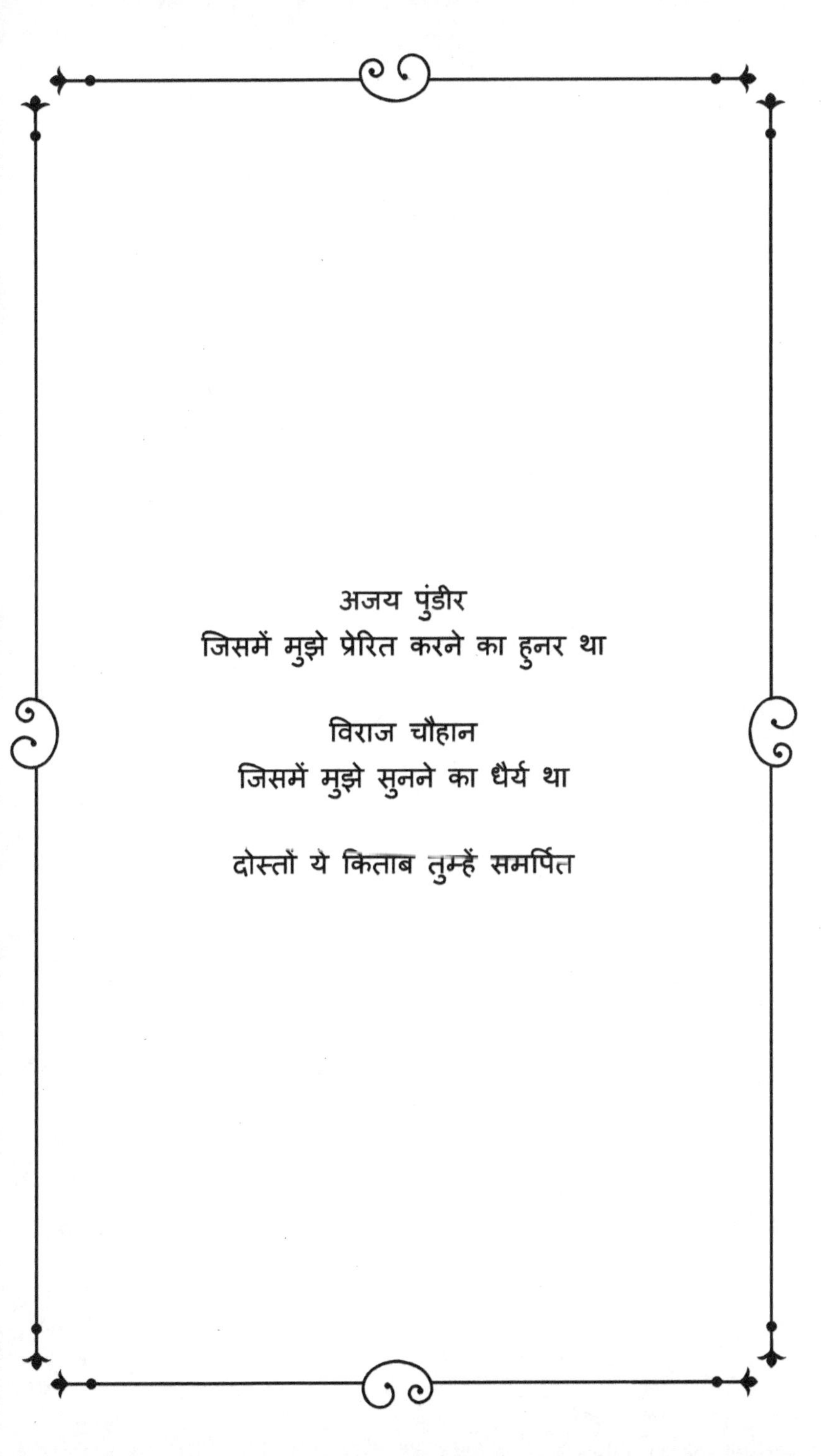

अजय पुंडीर
जिसमें मुझे प्रेरित करने का हुनर था

विराज चौहान
जिसमें मुझे सुनने का धैर्य था

दोस्तों ये किताब तुम्हें समर्पित

01

क्या था अगर जुगनूं चमक जाते,
कुछ देर और हम भी बहक जाते।
भीगी-भीगी शाम उनके संग-संग,
नंगे पाँव सड़क-सड़क जाते।
उंगलियां रेत पर उनकी टिकतीं भर,
फूल क्यारी भर-भर महक जाते।
देखा फलक की हमने नाराज़गी में,
ज़मीन को रूह तक तड़प जाते।
मिला करते अगर दर्द मांगकर,
हिस्सा-हिस्सा उनका हड़प जाते।
मुस्कुरा कर नहीं देखा उन्होंने वर्ना,
देखते 'चारस' को मर-खप जाते।

02

कबूल करके चल पड़े, निभाएगा कौन?
आंच इश्क़ की जल पड़े, बुझाएगा कौन?

नाज़ुक सी धुन, मासूम सा वो गीत जिससे
नींदों में न खलल पड़े, गाएगा कौन?

एक मर्ज़, जिसकी दवा एक, सलाह सैंकड़ों,
जिनका असर असल पड़े, बताएगा कौन?

बच्चों की तरह सहमूं दुनिया के शोर से,
माथे पे मेरे बल पड़े, बहलाएगा कौन?

वो रात करवा-चौथ की, भूख से निढ़ाल,
चाँद जल्दी निकल पड़े, बड़बड़ाएगा कौन?

ताकि आँखों से शायरी और होंठों से
वास्ता-ए-ग़ज़ल पड़े, शरमाएगा कौन?

03

एक रोज़ जो हुआ तेरे ख़्याल का आना,
मुश्किल हो गया खुद को समझाना।
ऐसा है असर तेरी हर एक बात का,
सुरों में पिरोया ज्यों मिज़ाज शायराना।
मैं मानता हूं ये भी कोई इंसाफ़ नहीं,
कहकर गज़ल तेरी नाम खुद का कमाना।
छूटना ही था तूने हाथ से आखिर,
लाता कहां से 'चारस' सागर का पैमाना।

04

मेरा हमदम है दुश्मन थोड़ा,
मुहब्बत में भी रख मन थोड़ा।
मेरा मुक़ाम तो तू रहेगा सदा,
मेरा रहनुमा भी तो बन थोड़ा।
ठुकराता है तोहफे फूलों के मेरे,
पत्थरदिल है आदतन थोड़ा।
मेरे घर की चारदीवारी में आ,
निखर आये रंग-रोगन थोड़ा।
सच्चा है तेरा ये चाहने वाला,
तो हो सकता है नापसंद थोड़ा।

05

लौट कर आ गए खत भेजे हुए,
कह दो साथ उन्हें भी ले आए।
जंग खा रहे अल्फ़ाज़ सहेजे हुए,
उन्हें समझ नहीं इनकी, बड़े आए!
चाक पढ़कर कइयों के कलेजे हुए,
हुनर पिघलाने का उन्हें मुझे आए।
छेड़ कर बात-बात पर बात रुआंसी,
फिर लगाने गले पाँव दबे आए।
जब-जब ज़िक्र मेरा उन्हें पेश किया,
'आशिक़ मेरा चारस' बोलते आए।

06

ख़्वाब है जिसे सच की नज़र चाहिए,
सिमटने को हमें सारी उमर चाहिए।
बेवफ़ाई आसान है सांस लेने जितनी,
वफा के लिए मिटने का जिगर चाहिए।
दिन है इस फ़िराक़ में कि चोट खाएं,
और चारागर रात, रात भर चाहिए।
वो कहने लगी सहेज लूं उसे आंख में,
ख्वाब की आड़ में उसे बसर चाहिए।
फिर छिटक गिरी दूर कहीं एक दिन,
मोतियों को संभालने का हुनर चाहिए।
गले लगाएगा वहीं ख़्वाब तुझे 'चारस',
ज़िन्दगी को थोड़ी और कसर चाहिए।

07

कभी प्यार जताएं भी तो क्या होगा,
किसी को याद आएं भी तो क्या होगा।
करते हो सवाल हमारी खामोशी से,
हम अगर टूट जाएं भी तो क्या होगा।
आंख साथ नहीं देती, करें तो क्या,
होंठ मुस्कुराएं भी तो क्या होगा।
एहतियातन ओढ़ी हैं दीवारें उन्होंने,
हम पर्दे जलाएं भी तो क्या होगा।
बड़ी दूर निकल चुके हैं कदम उनके
'चारस' लौट आएं भी तो क्या होगा।

08

याद दिलाता है शहर का कोना-कोना,
जब होता है उसका ना होना।

क्या पता वो आ कर चुप करा जाए,
आओ खेलते हैं रोना-रोना।

उसने कहा क्या मिलेगा पड़कर प्यार में,
जो फसल काटनी नहीं उसका बीज क्यों बोना।

समझ लेना ख्वाहिशों का इंतकाल हो चुका,
भाने लगे रूप जो तन्हाई का सलोना।

जब तलक किस्मत की जाग खुले,
तब तलक पड़ जाएगा ज़िन्दगी को सोना।

09

कैसे चल दिए बेसहारा करके,
यादों से मेरी किनारा करके।

जी लेंगे जैसे-तैसे तेरे बगैर मगर,
क्या मिलेगा महज़ गुज़ारा करके।

कैसे सो पाते हो चैन से,
तुम नींदें किसी की आवारा करके।

इतना चाहकर भी जब कोई मिलता ना हो,
क्या फायदा 'चारस' इश्क़ दोबारा करके।

10

यादों का लंबा सफ़र है आया, तुम ज़रा आ जाओ ना।
मैं हूं अकेला, थोड़ा घबराया, तुम ज़रा आ जाओ ना।
कुछ ज़िन्दगी है लापता, रहता है दिल तुम्हें ताकता,
मुझ पर हंसा है मेरा साया, तुम ज़रा आ जाओ ना।
कोई सहारा तो दूर की बात, दूर-दूर तक न कोई साथ,
फ़िर मैं बेचारा कहलाया, तुम जरा आ जाओ ना।
दिल ने पूछा तुम्हारे बारे में, कहां हो तुम? कैसे हो तुम?
मैं आज भी ना कुछ कह पाया, तुम ज़रा आ जाओ ना।
यादों का लंबा सफ़र है आया, तुम ज़रा आ जाओ ना।
मैं हूं अकेला, थोड़ा घबराया, तुम ज़रा आ जाओ ना।

11

अनाम सोच की गोद पर सिर रखते ही,
अमूमन धुँधला ही सही, याद आता है वो।

जहाँ सर्द रातों की ठंडक नहीं पहुंचती,
शक्ल में धड़कन की सीना थपथपाता है वो।

मलाल उसको नहीं अपनी ज़िन्दगी से कुछ,
मैं सच कहता हूँ, झूठ बोल जाता है वो।

आप देखिये नाम मेरा लेकर एक दफा,
और देखिये चेहरे क्या-क्या बनाता है वो।

हमेशा की हैं बातें आगाज़ की लोगों के बीच,
इतनी शिद्दत से अंजाम छुपाता है वो।

साहिलों के बूते नहीं इलाज लहरों का अब,
उसका नाम 'चारस', किनारों से घबराता है वो।

12

जी में आता है कि दास्ताँ सुनाऊँ मैं,
टूटे दिल का अपने मजमा लगाऊं मैं।
हो सकता है आगे रिश्ते ना निभाऊं मैं,
पागल नहीं जो घर की दीवार गिराऊं मैं।
रोज़ दिल के टुकड़ों से करता हूँ बातें,
और कैसे कहो दिल ये बहलाऊँ मैं।
साफ आता है नज़र दिलासों में मेरे,
कि हकीकत में कितना झूठा हूँ मैं।
है लंबा सफर हौसले भी ज़ख्मी,
अभी शायद बदन भी नुचवाऊँ मैं।
वो मेरा बन ना सका खैर छोडो,
अपने हमसफ़र का हौसला हूँ मैं।
खुदा मेरा मेरी सुनता कहाँ है "चारस",
क्यों ना काफिरों को आवाज़ लगाऊं मैं।

13

बहुत भटका दर-ब-दर बेक़रार की तरह,
आराम दे सको तो आओ इतवार की तरह।

खाली बोतल के जैसे ठोकरों का नवाज़ा,
मंज़िल अधूरी आज भी हर बार की तरह।

मेरे ज़ख्मों को नमक से ढक कर वो बोले,
चोट जिस्म से उभरती थी दरार की तरह।

क्या बताऊँ आखिर किस तरह से वो,
ढह गया देकर सहारा मीनार की तरह,

मैं आखिरी सांसें गिन रहा था सामने उसके,
वो पेश आने लगा दुनियादार की तरह।

14

माथे पर शिकन लबों पर आह नहीं,
इसका मतलब ये न लो कि परवाह नहीं।

हाँ सुनाए मैंने मनगढन्त किस्से कुछ,
पेश ऐसे न आ जैसे तूने कुछ कहा नहीं।

मय तो बस बहाना था इश्क़ कुबूलने का,
मैं गिन रहा था किया किसने मुझे तबाह नहीं।

इत्तेफ़ाक़ नहीं कि सच बोल बैठा 'चारस'
फैलने को बची थी दरअसल कोई अफ़वाह नहीं।

15

ऐसा नहीं कि छोड़ दी उम्मीद करिश्मे की,
ये बात और है कि तुमसे कोई आस नहीं।
बेचैनी बहुत है जबसे लोगों से मिला हूँ,
तन्हाई जैसी भी हो मगर दगाबाज़ नहीं।
मीलों के सफ़र से भी नहीं दिल को तसल्ली,
शख़्स हूँ मामूली, मंज़िल भी कुछ ख़ास नहीं।
क्यों नहीं भाती हमें फ़ितरत होश वालों की,
होकर देखा तुमने अभी बदहवास नहीं।

16

गला भर आया मगर रोया नहीं,
फ़िर एक रात मैं सोया नहीं।
नींद भी देखो किस बात पर रूठी,
कि उसने ख़्वाब मेरा संजोया नहीं।
उसका कहना कि याद उसे ना करूं,
मुझे इसकी आदत हो या नहीं।
ज़िन्दगी के किसी मोड़ पर उसने,
कोई अपना शायद खोया नहीं।

17

आज फ़िर पड़ी हैसियत पर किसी की नज़र पहली,
मेरी शख्सियत से मुहब्बत, मुमकिन है तो बता।
कामयाबी को आसान है तहे-दिल से चाह लेना,
मेरी नाकामियों से चाहत, मुमकिन है तो बता।
जितनी गुफ्तगू उतनी गुंजाइश गिले-शिकवों की,
कि कभी ना निकले मुंह से गलत, मुमकिन है तो बता।
वफ़ा की बातें ज़ुबान पर आकर रुकने लगी हैं,
'चारस' इस उम्र में शराफ़त, मुमकिन है तो बता।

18

तेरी सांस या मिट्टी का कोई बांध,
ज़रा सा छेड़ दूं तो बिखरती जाए।
आँख में छुपा रखा क्या कोई चाँद,
जिसके पीछे-पीछे ये धरती जाए।
बताए देता हूं कि तेरे गुमसुम होने से
मायूसी मीलों-मील पसरती जाए।
पतझड़ से किनारा चाहिए तभी बहार
तुझसे खिलने की गुज़ारिश करती जाए।

19

इन अकेली राहों को साथ तेरा मिल गया,
मेरी तकदीर से हरेक शख्स जल गया।

तेरी आँखों ने यूं तो कोई कसर न छोड़ी,
जाने क्या था जो गिर कर भी मैं संभल गया।

सभी बने फिरते हैं यूं तो हमदम मेरे,
मगर जो भी आया - मुस्कुराया, निकल गया।

कुछ खास तो कहा नहीं तूने लेकिन,
आकर लबों पर तेरे मतलब बदल गया।

रोया नहीं था 'चारस' किसी भी सूरत में,
तेरे आँसुओं से मोम सा पिघल गया।

20

मेरी तन्हाइयों में अब कोई नहीं आता,
मेरे गुमसुम होने पर भी नहीं हंसाता।

मैं गुनगुनाता हूं आज भी ठीक वैसे ही,
आकर कोई मगर आवाज़ नहीं मिलाता।

कोई नहीं जो समझे शरारतें मेरी,
हंसना-रूठना-मनाना, कुछ नहीं भाता।

घर की कमी खलती है रोज़ के रोज़,
बुरा लगता है, जब डांट नहीं खाता।

बुखार से तपी उन रातों में मां,
लोरी कौन सी थी? वो गीत क्या था?

21

गुज़र ज़माने के इम्तिहानों से क्या खुद को पाया,
जो था मैं वो रहा नहीं, जो रहा वो न ज़रा भाया।

खा लूं चाबुक सैंकड़ों पर सवाल ना एक पूछूँ,
दर्द होगा बेहद मुझे गर जवाब कोई ना आया।

लाया तो हूँ खरीद कर बहार आज बाज़ार से,
क्या बात इस बार खुशबू ने घर नहीं महकाया।

दूर उड़ाती धूल वो चली जा रही ज़िन्दगी,
उस रास्ते हुआ है जाने कितनों का सफाया।

22

तू जोड़ ले ख़ुद को मेरी खामोशी से,
तो जन्म-जन्म का रिश्ता मिल जाए।

मत कर ये दूसरा किनारा हवाले मेरे,
कहीं दर्द के दरिया को रस्ता मिल जाए।

अजीब दिल में आई है लुट जाने की,
जैसे हुस्न से कोई बेपरवाह मिल जाए।

हमसफ़र हँस के खूब मिलता था जो,
नाराज़ ही सही एक दफ़ा मिल जाए।

किस की सुनें सलाह, किसपे अमल करें,
काश यही आखिरी सलाह मिल जाए।

फिर नींद खुले ना खुले किसे फ़िक्र 'चारस'
ख़्वाब में अगर वो मुझे रोकता मिल जाए।

23

था इश्क़ ज़रा गहरा,
उतरते रहे बिन सोचे-समझे,
चढ़ाइयों में बहुत वक्त लगता है, हम भी उभर रहे हैं।

सब कुछ भुला देना है ख़ुद को पीछे छोड़ आने जैसा,
मेरी शिनाख्त से मेरे अपने लोग मुकर रहे हैं।

चाहत छोड़ दी मैंने,
सिर्फ और सिर्फ इसी डर के चलते,
हम जिन्हें चाह रहे हैं, बारी-बारी बिछड़ रहे हैं।

इतना काफ़ी होता कि लपेट लेते मुझे इर्द-गिर्द
हिफाज़त के लिए,
पुरानी अखबारों का लोग यही इस्तेमाल कर रहे हैं।

कहीं आगे है गिनती शमशानों की असलियत में मेरी मानो,
बेगुनाह सड़कों से ज्यादा तन्हाइयों में मर रहे हैं।

दुआओं ने छोड़ दिया कबूल होना, राहतों ने अपनाना,
सुना है 'चारस' इस दुनिया से फ़रिश्ते भी डर रहे हैं।

24

कभी यूं भी तेरे साथ हुआ होगा,
रास्ते-दर-रास्ते, सफ़र-दर-सफ़र,
दिन-रात चला होगा।
फ़िर एक रोज़ पलट कर जब देखा होगा,
मेरी तरह
तू भी कहीं नहीं पहुंचा होगा।

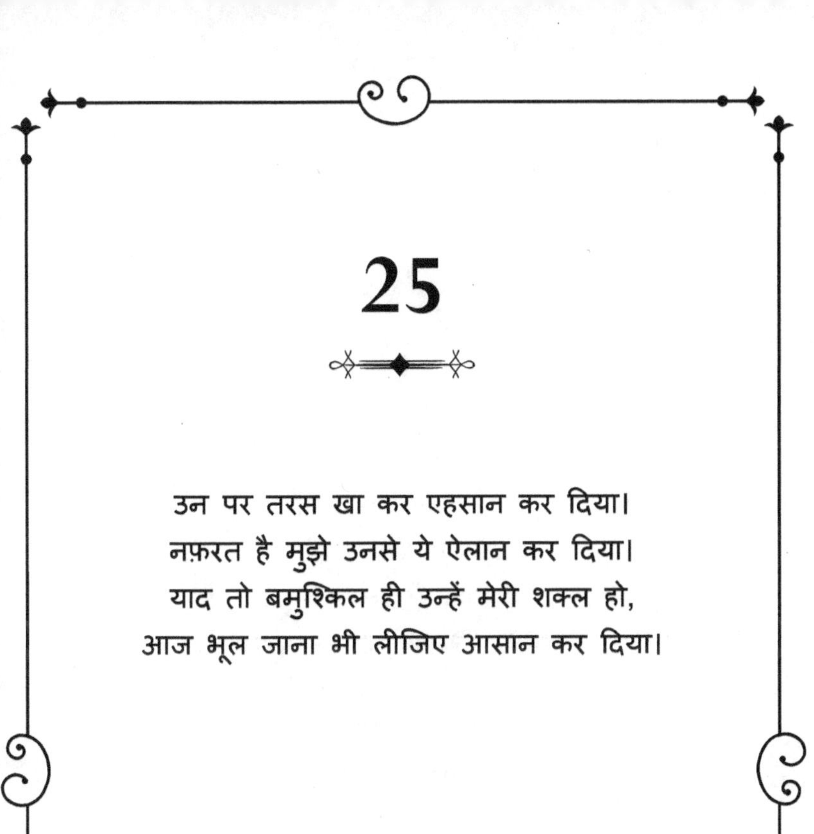

25

उन पर तरस खा कर एहसान कर दिया।
नफ़रत है मुझे उनसे ये ऐलान कर दिया।
याद तो बमुश्किल ही उन्हें मेरी शक्ल हो,
आज भूल जाना भी लीजिए आसान कर दिया।

26

जाने हुआ फिर क्या,
रोते-रोते हँसना पड़ा,
याद में उनकी,
खातिर जिनकी तरसना पड़ा।

किसी गैर मंज़िल का
अरमान कर बैठे,
बिन चले पैरों का
नुकसान कर बैठे।

नरम पड़ते देखा उनको
जब उन्हें ज़रूरत मेरी हुई,
फिर भी सबके सामने,
शक्ल बदसूरत मेरी हुई।

उन्हें पाना जितना मुश्किल
भूलना आसान समझ बैठे,
जिनके ख्याल से दिल बेचैन,
रूह का इत्मीनान समझ बैठे।

27

अपने-अपने दिलों का रोना, अपने-अपने वाले गम,
लड़खड़ा-लड़खड़ा कर चल रहे, सीने में संभाले गम।
एक सी है कहानी अपनी मगर, मेल खाते फिर भी नहीं,
अपनी तरफ अंधेरे कई, उनकी तरफ उजाले कम।

28

तमाम उलझनों से निजात दिलाने आ जाओ।
अपनी हथेली मेरी हथेली से मिलाने आ जाओ।

वक़्त कबसे वहीं पर ठहरा है,
बेबसी का रंग बहुत ही गहरा है,
मेरे दामन में कोई लम्हा गिराने आ जाओ,
अपने किसी रंग में मुझे सजाने आ जाओ।

लाख कोशिशों से भी कुछ ना हासिल किया,
जाने कैसे-कैसे करके अब तक हूं जिया,
हंसाने ना सही, रुलाने आ जाओ,
कोई मायूस गीत ही गुनगुनाने आ जाओ।

रात होती है तो याद गहराती है,
ख्यालों में तेरी तस्वीर बनाती है,
किसी बेचैन रात मेरे सिरहाने आ जाओ,
चैन की नींद सुलाने आ जाओ।

ढल चुकी हैं उम्मीदें कहीं,
जान गंवा ना दूं मैं कहीं,
कोई उम्मीद जगाने आ जाओ।
मेरी जान बचाने आ जाओ।

आज तुमको कसम दी मैंने मेरे प्यार की,
ये प्यार निभाने आ जाओ।
ये प्यार निभाने आ जाओ।

29

तुम रूठ मत जाना,
मुझे मुश्किल से साँस आती है इस ख्याल से भी,
पता है तुम हँस दोगी, थोड़ी देर में
कर लोगी सुलह अपने हाल से भी।

धीरे-धीरे फैलता मुझमें कोई ज़हर,
महज़ आँसू नहीं छलकता तुम्हारी आँखों से,
मैं ठीक उतना ही डरा सा हूँ,
जितना गैरमौजूद हौसला तुम्हारी बातों से।

दूरियों की लकीरों पर जमते-जमते परत
दीवार सी खड़ी होने लगी,
इस पार मैं, उस पार तुम,
पुकारो, कि गुमशुदगी होने लगी।

तीन-चार दिन मिलना, हंस के मिलना,
कर तो लेते हो,
चेहरा बयाँ करता है,
किस तकलीफ का बैठे गला रेते हो।

और साँस रोके मैं खड़ा
कर रहा इंतज़ार,
मंज़िल के आने का?
नहीं!
हमसफर के छोड़ जाने का।

30

क्या दिल पे गुज़री, कैसे गुज़रा वक़्त,
क्या बताएं सच, क्या सुनोगे अब,
ये जो बटोरी तुमने
उम्र दे कर समझ,
अच्छा है,
वर्ना
कल भी वही थे लफ्ज़,
आज भी वही हैं लफ्ज़।

31

उसने काजल के बहाने,
आंसुओं को धकेला पीछे,
फिर जो पोंछा काजल तो कतरे भी थे।
वो न सोई मुझे सुला इस रात भी,
हालांकि वादे हंस-हंस के उसने मुझसे करे भी थे।

निगाह सीलींग से लगा टकटकी बाँधे,
जानकर बाल नहीं बाँधे,
सिसकी मैंने सुनी चुप कराने न गया,
वो जो बिखरी उठाने न गया,
दर्द का नशा मुझपे भी तारी रहा,
रोना किस्मत का शब भर जारी रहा।

उसको भी पता था कि हारना है,
आखिर में मन ही मारना है।
फिर भी सुबह तक साथ रहे,
एक कमरे में दो जज़्बात रहे।

32

कोई ऐसी बात जो बताई न हो
किसी से,
बता कर तुझे कहता है दिल ये,
हिफाज़त से रखना इसे,
यहां वहां नुमाइश में ना दिखे।
तो ना बताना ही अच्छा था,
गर यही था रिश्ता
तो कच्चा था।
अगर मालूम होता ज़रा भी,
कि आगे चलकर इतने
होते हैं हालात हावी,
तो रोक पाते क्या खुद को?
तुम क्या समझाते
और कैसे समझाते दिल-ए-बेसुध को?
जो हो गया वो
कोई खुदा ना पलट पाए,
उसे हम बंदों से उम्मीदें हैं
कि जिये जाएँ,
जिये जाएँ,
जिये जाएँ।

न आना इस शहर कि शहर ये गम देगा।
काटने लायक बेशुमार वक़्त
जीने लायक कम देगा,
बाद में खींच लेगा अंधेरों में
कहाँ सोचा था,
कि रौशनी की पहले कसम देगा।

34

दिल टूटने का गम संभल गया,
अभी जुदाई का दर्द भी सहना था।

चोट सहेजने का ख़ज़ाना था,
हँसी नुमाइश का गहना था।

शुरुआत पे इश्क़ की कुल मिलाकर
बस इतना ही कहना था,

ख़ून सना था लिबास मेरा
मैंने रंग समझ जिसे पहना था।

क्यों लिखता है बेफिज़ूल बातें,
'चारस' तू ऐसा कतई ना था।

तकलीफ को लफ़्ज़ों का सहारा लेकर
कलम से रिसते रहना था।

35

मैं नहीं ऐसा कि आनाकानी करूँ,
या फिर ज़ुबान से अपनी फिरूँ।

दुनिया को बाद में दूंगा सलाह,
अपने घर की पहले दरार भरूँ।

लोगों का छाती पीटना देख,
चाहता हूँ एक रोज़ के लिए मरूँ।

बेशक लाओ गुहब्बत का तोहफा,
गनीमत है ना डरूँ।

उसके क़दमों पर ही फबते दोनों,
एक से हैं मैं और घुँघरू।

36

स्याही उड़ेलती लाल-लाल,
कलम हो चुकी कंगाल,
क्या लिखें?
क्या सोचें?
लफ़्ज़ों की जगह नज़र आती हैं
काग़ज़ पर सिर्फ खरोंचें।
मिसाल कहीं भटकी पड़ी,
लापता है काफिया,
गज़ल छेड़ने बैठा जब,
मिसरा उधेड़ कर रख दिया।
मौसिकी मासूम बड़ी 'चारस',
बेहतर है ना नोचें।
लफ़्ज़ों की जगह नज़र आती हैं,
काग़ज़ पर सिर्फ खरोंचें।

37

अहम का सवाल मुँह बाये खड़ा बेवक़्त,
एक तो इतनी सर्द रात, ऊपर से नींद नहीं आती।
तेरे मेरे ख्याल मिलें न मिलें इतनी शुक्र है,
हम दोनों को ही बात की शुरुआत करनी नहीं आती।
हुआ रहता हूँ बेपरवाह सभी नातों से मैं,
वक़्त लगता है,
ज़िन्दगी के फलसफों की समझ यूँ नहीं आती।
दोनों ही करवटों से उकता गया हूँ 'चारस'
या तो डूबना या तरना,
ये जूझने की रुत नहीं आती।

38

शहर की दास्ताँ को कलमबद्ध करते हैं,
ये शहरवाले भी हद करते हैं।

बच्चों को सयानेपन की हिदायत देकर,
खुद बच्चों सी हरकत करते हैं।

जिसे गुनगुना कर मुस्कुराया जा सके,
चल ऐसे गीत की आमद करते हैं।

इन मेहमानों को गले से लगाते हैं,
इन ग़मों की खुशामद करते हैं।

जवाँ दिल की आरज़ू है चाँद,
इस उम्र में लोग अक्सर ऐसी ज़िद करते हैं।

हक़ीक़त में तो बड़े बदसूरत हैं ये "चारस",
इन ज़ख्मों पर खूबसूरत सी ज़िल्द करते हैं।

39

तुमसे कोई गिला नहीं, मैं कौन हूँ तलाश लूँ,
उस तलक मैं सोच लूँ, ख़ामोश रह कर सांस लूं।

जन्नत के सौदे में होगी कीमत भले ही रूह की,
वहम में जी लूँ या फिर बदन कोई तराश लूं।

या रोज़ोशब ख्याल जिस प्यास के हैं कौंधते,
नाम उसका लेके अब हाथ में शराब लूं।

बहुत फिक्र जहान की, जहान के मक़ाम की,
बाज़ार जा कर इस दफा कोई नई किताब लूं।

लम्हे की ज़िन्दगी जिया, मेरा कहा मेरा किया,
किन-किन बातों पे अब वक्त से इंसाफ़ लूँ।

पहचानने लगे हैं लोग 'चारस' है शख्स कोई,
कहने से पहले गौर करूँ, या और एक नक़ाब लूँ।

40

तकदीरें सब झूठी हैं, तस्वीरें फरेबी,
किस्मत से महरूम हाथ, लकीरों से भरे भी।

ज़िन्दगी कुछ नहीं चाहती, सब अपनी ज़रूरत है,
सदियों की ख़्वाहिशें, दो-चार दिन की आदत है,
हुकूमतों को कम पड़े हैं, महलों के आसरे भी,
किस्मत से महरूम हाथ, लकीरों से भरे भी।

मेरे ज़ख़्मों को ढकने तो अँधेरा आगे आया,
रोशनी ने बिना कपड़ों के हर राह मुझे नचाया,
एक दफ़ा जीने के लिए, सौ तरह से मरे भी,
किस्मत से महरूम हाथ, लकीरों से भरे भी।
तकदीरें सब झूठी हैं, तस्वीरें फरेबी।

41

शहर की चमचमाती दीवारों में वो सुकून नहीं,
जो गांव के जर्जर घर में है।
सब कुछ पा कर भी ठगी सी ज़िन्दगी,
आज फिर वापसी के सफर में है।
इन पहाड़ों से हो मेरी शिनाख्त,
तुमसे ज्यादा रूबरू हैं मेरे दर्द से ये दरख्त,
निकलते वक्त
यहां की मिट्टी का रंग ले गया था बालों में,
मिला कर देख रहा हूँ आज
कितना बदल गया इन सालों में।
गीत पंसदीदा होते थे कुछ, धुन याद आए तो गाएँ,
ये पहाड़ ये आसमाँ मेरे पन्ने मेरा कैनवस,
यहीं रची थीं कुछ कविताएं,
और उकेरे थे ख्वाब बिन कम्पस।
लौट कर वैसे आज भी नहीं आया हूँ,
बस कुछ शहरी दोस्तों को गांव दिखाने लाया हूँ।

42

क्या अदब है जिंदगी, और क्या बात मेरी है,
मुझे ठोकरों ने मंज़िल तक धकेला, यही औकात मेरी है।
जितनी भी गँवा लूं साँस मगर, तलब कम नहीं
होती जीने की,
हर शिकस्त के साथ कहता हूँ, ये आखिरी मात मेरी है।
मेरी खुद की किस्मत का फैसला भी मेरे हाथ नहीं,
और मैं वहम पाले हूँ कि कायनात मेरी है।

43

यहां पर किसी से उसका हाल पूछना
उसकी ज़िन्दगी में दखल कहते हैं।
शोर मचाता है शहर बेतहाशा
और बात करने वालों को पागल कहते हैं।
इंतज़ार का हुनर किसी-किसी को मिलता है
पर मौका सभी को।
बात सबने अनसुनी कर दी,
हमने भी टोका सभी को।
जज्बातों को सांस ना लेने देना
बेशक इसे भी क़त्ल कहते हैं।
यहां पर किसी से उसका हाल पूछना
उसकी ज़िन्दगी में दखल कहते हैं।
ज़िन्दगी और मौत में फर्क करना
अक्ल नहीं नादानी है।
जो जीत गए उनके मुकद्दर में
अभी और परेशानी है।
हम तो हार चुके 'चारस'
अब बैठ कर गज़ल कहते हैं।
यहां पर किसी से उसका हाल पूछना
उसकी ज़िन्दगी में दखल कहते हैं।

44

कोई तो बात शुरू कर 'चारस'
शहर चुप है शहर वाले भी,
क्यों ना नया सफ़र एक तलाशा जाए,
दम तोड़ चुके पुराने छाले भी।
देख दुख सकता है दिल ये तय है,
तू आदत डाले या ना डाले भी।
चल कि राह अंधेरी है कुछ,
बेरोजगार हैं मशालें भी।

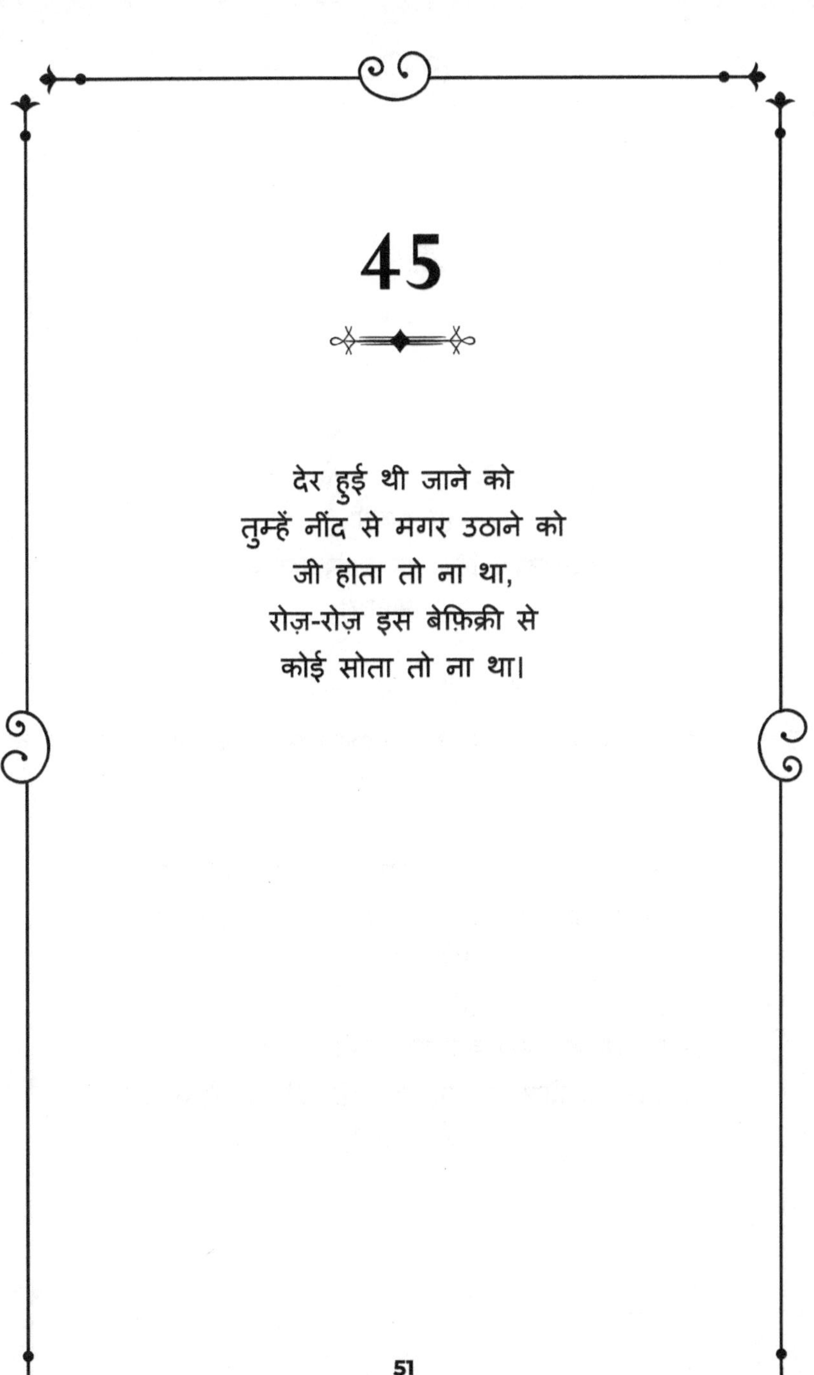

45

देर हुई थी जाने को
तुम्हें नींद से मगर उठाने को
जी होता तो ना था,
रोज़-रोज़ इस बेफ़िक्री से
कोई सोता तो ना था।

46

तुम मुकर जाओ ना, प्यार मुझसे निभाया जा
नहीं सकता,
एक खानाबदोश ज़िन्दगी लेकर घर बसाया जा
नहीं सकता।

तुम दिल तोड़ोगे मेरा, मैं कुचल जाऊंगा किसी और का,
इस दलदल में किसी को, बेवफा होने से बचाया जा
नहीं सकता।

अरमान सिर्फ इतना कि ज़िंदा रहते मशहूर हो जाएँ,
राहत, इज़्ज़त, जन्नत! मरकर क्या कुछ कमाया जा
नहीं सकता।

दो-चार ग़ज़ल लिख कर मुफलिसी-मुहब्बत पर 'चारस',
आवाम के दिलों से चाह कर भी ग़ालिब चुराया जा
नहीं सकता।

47

कौन बेहतर है कौन बद्तर
ज़रा बस परखने की देरी है,
किसी ने डाँटकर भी गले लगाया
किसी ने हँसकर भी नज़र फेरी है।
खुद को बटोर लेना मजमा लगाकर
कहीं शौक है, कहीं ज़रूरत,
बेगैरत कहलाते लावारिस तो कहीं
रिश्ता जायज़, मगर बदसूरत,
राह पहले भी धुंधलकों से गुज़री,
राह आगे भी कुछ अँधेरी है।
कौन बेहतर है कौन बद्तर
ज़रा बस परखने की देरी है,
कौन करीब आया, कौन आ न सका,
कभी इत्मीनान से गुफ्तगू करेंगे,
पिछली ख़्वाहिश से मिलेगा छुटकारा
तब जाकर अगली आरज़ू करेंगे,
उसके चेहरे को मैं भुला न सका
ख़ासियत उसकी नहीं, कमी मेरी है।
कौन बेहतर है कौन बद्तर
ज़रा बस परखने की देरी है।

48

यह उजाड़ खाली जगह देखी तुमने?
यहाँ एक बूँद को कहते सुना था मैंने
कि कितनी दुर्बल है वो,
यह रिक्त,
यहाँ एक समुद्र हो सकता था।

49

वो जो मर गया खपते-खपते
कोई बता पाए उसे
तो दुआ सलाम
के साथ ये भी बता दे
कि कर्ज़े आज भी नहीं उतरे,
दीवार मकान की नहीं चढ़ी,
पडोसी आज भी लड़ता है,
सड़क पर गड्ढा है,
छुट्टी के दिन भी काम करती है बीवी,
बाहर खराब है वातावरण
और राजनीति,
महंगाई नहीं रुकेगी,
सस्ताई विचारों में है,
इंसान पैदा हुए जा रहे हैं,
जमीन सबको चाहिए,
पैसा ही पालनहार है,
पढ़ाई बेकार है,
शहर में चोरी-चकारी है,
मारा-मारी है,

गाँव से पलायन जारी है,
जी कर कोई नहीं राज़ी,
सब रोज़ ही मर रहे हैं
कुछ खुलेआम
कुछ छुपते-छुपते,
वो जो मर गया खपते-खपते
कोई बता पाए उसे
तो दुआ सलाम
के साथ ये भी बता दे
कि
बच्चे जुट गए हैं ज़िम्मेदारी सँभालने में।

50

बीच के पन्नों में कालिख पोतकर
खूबसूरत सी ज़िल्द चढ़ा दी है।
कुछ कद्दावर ख्याल जो कभी
मेरे हुआ करते थे,
नाज़ था जिनपे मुझे,
इसी कालिख के नीचे दफ़न हैं!
मैं इन ख्यालों जितना ना पहुँच पाया,
बस उम्र में बड़ा हो गया।

51

अपने सपनों में पैसा, रूतबा कहाँ था?
एक छत थी, दोस्त-यार थे, परिवार था।
पता चला छत के लिए जरूरी थी चारदीवारी,
पता चला सिर्फ़ बचपन तक थी सगी दोस्ती-यारी,
पता चला मां-बाप के अलावा रहते थे
परिवार में भूख, बुढ़ापा और बीमारी!

52

धर्मांध से कहीं बेहतर है शराबी।
शराबी का नशा कभी तो उतरता है।
मैं शराब की पैरवी नहीं कर रहा।
बस चुनाव कर रहा हूँ।
जैसे चुनाव में कम भ्रष्ट को वोट देते हैं ना!
ठीक वैसे।

53

जो ईमान किताबों में पाया जाता है
कुछ दिन
हू-ब-हू किया काम,
पहले पहल जब कारोबार था नया
खूब उछाले नाम
मचाया कोहराम,
फिर एक दिन पा सही दाम
मंज़िल पा ली,
वो गंदी नाली
जिसका वास्ता दे-दे जुटाई भीड़,
उसी भीड़ में से वो मशहूर चेहरा निकल के
दिखा रहा है सपने सुनहरे कल के,
फ़र्क इतना है कि
पिछले कल तक थे तीमारदार दुनिया के,
आज फायदे गिनाते हैं चिकनगुनिया के।

54

तो यहां खत्म करते हैं कहानी मेरे दोस्त,
कहीं हो न जाए बदज़ुबानी मेरे दोस्त।
महफ़िल से शिकायत न उठने लगे,
मत छेड़ बात पुरानी मेरे दोस्त।

ताक में मुट्ठी से फिसलने को है
छटपटाती हुई जवानी मेरे दोस्त।
गुमान में होगा गुनाह कोई 'चारस',
गुमराह करती है राजधानी मेरे दोस्त।

गांव में बैठी मां सुनती है,
जब शहरों की परेशानी मेरे दोस्त,
दो नोट ज्यादा भेजने के लिए देती है
नए सूट की कुर्बानी मेरे दोस्त।

55

कुछ तो है तू,
वरना क्यों खुश होता मैं तेरे आने से।

कुछ तो है तू,
वरना क्यों होती बातें पूरी, तुझे बताने से।

कुछ तो है तू,
वरना क्यों हंसता मैं तेरे मुस्कुराने से।

कुछ तो है तू,
वरना क्यों भटकते होश मेरे ठिकाने से।

कुछ तो है तू,
वरना क्यों छेड़ता गीत तेरे गुनगुनाने से।

कुछ तो है तू,
वरना क्यों तकता चांद मैं तेरे बहाने से।

कुछ तो है तू,
वरना क्यों होता तन्हा 'चारस' तेरे जाने से।

56

सौ कोशिशें लगती हैं मुझे उससे दूर जाने में,
और एक ही कोशिश में वो मुझे थाम लेती है।
जिस दिन लगता है कि उसे मेरी सूरत नहीं याद,
जाने क्यों उस दिन वो मेरा नाम लेती है।

57

किसे बहलाते हो
दुनिया को, या खुद को,
अपनी कही बात में
तुम कितने हो?
या किसी का कहा किसी से कह कर
किनारे हो जाते हो।
किसी का गुनाह किसी पे मढ़ कर,
खुद बरी हो जाते हो।
क्या कोई कसक है जिससे,
बौखलाने पे मजबूर हो जाओ,
क्या इतने सहमे हो कभी
कि आवाज़ उठाने पे मजबूर हो जाओ।
बरसों से जो
मन के कोने में सुलगता है,
वो ख़्वाब कब देखा था आखिर,
याद करो ज़रा
क्यूं उस ख्वाब से मुस्कुरा उठते थे
क्यों उस ख्वाब से घबरा उठते हो?

ये क्या पाने कि होड़ है?
साफ़ शब्दों में बता पाओगे?
मुझे छोड़ो, मुझे फुसला लोगे,
खुद को समझा पाओगे?

58

बेजान दिलों तक पे शिकन तसव्वुर ले आया उसका,
वो जो नरमदिल थे, अंजाम उनका क्या हुआ?
माशा-अल्लाह!

लफ़्ज़ों को खींच दिया सबने भाषणों की तरह बेतहाशा,
पहले भी कई बार था हर लफ्ज़ सुना हुआ।
माशा-अल्लाह!

कई दिनों से रूठा है हमारी छत पर से चाँद,
हमने रक्खा है उसे गैरों में देखा हुआ। माशा-अल्लाह!

ख़ुदा ने भर दी उसमें शायरी की हर एक अदा,
जिसने भी देखा कह उठा, माशा-अल्लाह! माशा-अल्लाह!

नसीब हुआ तो उनको जो शोर मचाया करते थे,
मेरी शराफत का ये खूब सिला हुआ, माशा-अल्लाह!

क़यामत की वो रात दिल छू गई 'चारस',
पहली बार देखा हमने, हुस्न को रोता हुआ।
माशा-अल्लाह!

59

फिर एक चाह हो, फिर एक आह निकले,
रोज़-रोज़ की ख्वाहिश का तोड़ स्वाह निकले।

फिर कोई खुश दिखे और फिर जलन के मारे
गर्ममिज़ाजी में सर्दी का एक और सप्ताह निकले।

तालियों से घबराई, है जाँ पड़ी सकते में,
जान निकले मेरी जब किसी मुंह से वाह निकले।

खैर मेरा दिल टटोलने, है कलेजा तो आगे आ,
एक नज़्म की पोटली से, सारे के सारे ख़फा निकले।

होते होते भूलने लगता है कि ग़ज़ल शुरू क्यों हुई?
कुछेक मिसरे तो सिरे से खामख्वाह निकले।

धर सिर माथे 'चारस' जो तेरा लिखा आए पढ़ने,
जिसकी बाहर ख़ुदपरस्ती से निगाह निकले।

किसी ने बताया मुझे
वो फूंक मार-मार हाथों को
मेरी किताब के पन्ने पलट रहे थे,
सर्दियों में ये नशा काफ़ी होगा
बाद में चाहे अफवाह निकले।

60

हुआ कुछ यूं नशा कि रात याद नहीं,
कहां गुजर गए वो लम्हात याद नहीं।
आग छोड़ते थे मखमली लब,
ऐसी हुई थी एक बरसात, याद नहीं?
पहली मुलाकात का खेल है सारा,
कि बाद की मुश्किलात याद नहीं।
रह-रह कर वही बात दोहराता हूं,
जैसे और कोई बात याद नहीं।

61

मुहब्बत का एक पल था, गुजर गया।
सांसों की हलचल था, गुजर गया।
तेरे रास्तों में आने वाला वो,
कोई पागल था, गुजर गया।

62

मुहब्बत भुला बैठे हो, मुहब्बत भुला बैठे हो,
हज़ार बार सामने हजारों के दोहरा बैठे हो,
वास्ता दूं भी कोई तुम सच ना कहोगे,
वो कोई तो है जिसकी कसम खा बैठे हो।

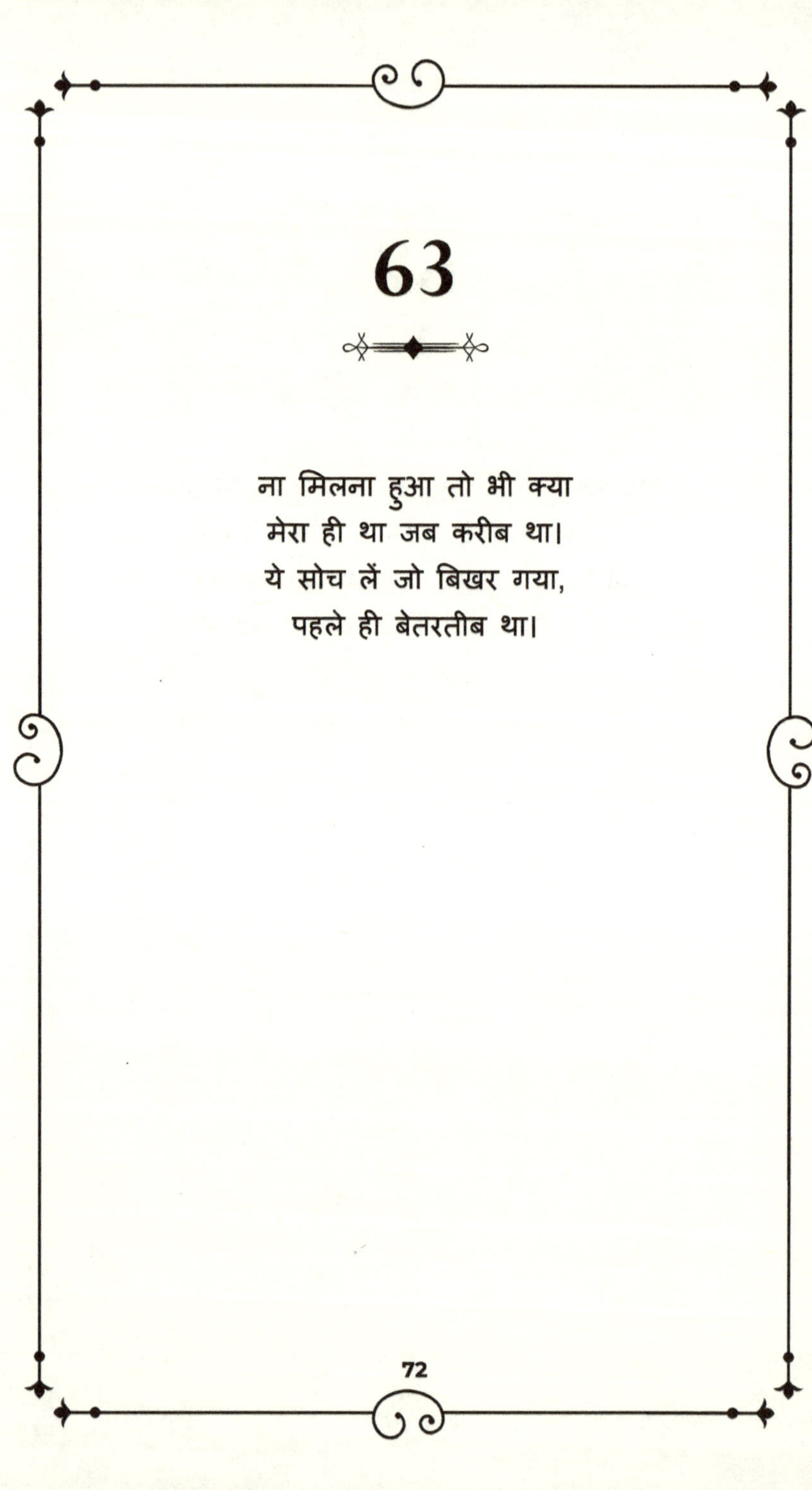

63

ना मिलना हुआ तो भी क्या
मेरा ही था जब करीब था।
ये सोच लें जो बिखर गया,
पहले ही बेतरतीब था।

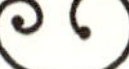

64

नहीं आता कोई पीछे,
न साथ ही होगा,
हाँ। बियाबान में भटका,
हर एक आदमी होगा।

बहुत किस्से सुने, बहुत तेज़ ज़ुबां में,
शहर हामी भरता है, तो सही होगा।

कभी अपनी खुशी से खौफ़जदा,
कभी अपने गम पे तसल्ली,
फिर?
फिर ऐसा रोज़ ही होगा।

www.ingramcontent.com/pod-product-compliance
Lightning Source LLC
LaVergne TN
LVHW090127160826
845673LV00015B/1042

* 9 7 9 8 8 8 6 4 1 6 3 6 7 *